Diethard Lübke

Schreibung der Vokale Lernen und Üben

Ein Lernprogramm

VERLAG MORITZ DIESTERWEG
Frankfurt am Main

ISBN 3-425-01274-6

Illustrationen: Gerhard Scholz, Dornburg
Satz: Fotosatz Otto Gutfreund, Darmstadt
Druck und Verarbeitung: graphoprint, Koblenz

Vorwort

Im Deutschen gibt es Vokale (Selbstlaute), Umlaute und Doppellaute (Diphthonge):

Vokale:	Umlaute:	Doppellaute:
a, e, i, o, u	ä, ö, ü	ai, au, ei, eu

Die Vokale und Umlaute können kurz oder lang gesprochen werden:
am (kurzes A) **A**bend (langes A); n**i**chts (kurzes I) erw**i**dern (langes I).

Die langen Vokale und Umlaute werden geschrieben:

a, aa, ah	o, oo, oh
ä, –, äh	ö, –, öh
e, ee, eh	u, –, uh
i, ie, ih	ü, –, üh

Die wichtigsten Stolpersteine sind die Schreibung der langen Vokale und Umlaute und die Unterscheidung von ä/e, ei/ai, eu/äu.

Wie man die Vokale im Deutschen richtig schreibt, lernt man in diesem Lernprogramm. Die wichtigsten Regeln, Ausnahmen und Besonderheiten sind so übersichtlich und einfach formuliert, daß sie jeder verstehen und sich merken kann. „Durch Üben wird man Meister" – auch in der Rechtschreibung. Daher enthält diesesHeft einen umfangreichen und abwechslungsreichen Übungsteil.

Die Lösungen zu den Übungen stehen ab S. 37.

Arbeitsanleitung zu den Übungen

Alle Übungen sollten schriftlich gemacht werden.
Wem dieses Heft nicht gehört, der sollte die Listen und die Wörter mit Beispiel- oder Zeilenangaben in ein Schreibheft schreiben.
Erst nach der Beendigung einer Übung sollte man den Lösungsbogen zur Hand nehmen und prüfen, ob alles richtig gemacht worden ist.
Der Lösungsbogen befindet sich am Schluß dieses Heftes.
Wer den Lösungsbogen schon vorher benutzt, lernt weniger bei den Übungen!

❖ Das lange A

Das lange A schreibt man:

a	ah*	aa
Bart	*Ahnung*	*Aal*
gar	*Draht*	*Aas*
Hase	*fahren*	*Haar*
Kran	*Gefahr*	*paar / Paar*
Plan	*lahm*	*Saal*
Rat	*Nahrung*	*das Saarland*
Schal	*Sahne*	*Saat*
schlafen	*Stahl*	*Staat*
Straße	*Zahl*	*Waage*
Tal	*zahm*	…
Westfalen…	*Zahn…*	

* ah steht häufig vor l, m, n, r.

❖ Unterscheide:

aa	ä
das Haar	*das Härchen*
das Paar	*das Pärchen*
der Saal	*die Säle*
die Saat	*säen*
die Waage	*erwägen*

a	ah
ja	*bejahen*
malen *ein Bild malen* *Maler* *Malerei* *Gemälde*	*mahlen* *Korn mahlen* *Kaffeebohnen mahlen*
Denkmal *Merkmal* *einmal*	*Abendmahl* *Mahlzeit* *Festmahl* *Gemahl, Gemahlin*
Leichnam *Fronleichnam*	*ich nahm* *er/sie nahm*
der Wal	*die Wahl* *wählen*
ich war *Ware, Warenhaus*	*es ist wahr* *wahrscheinlich* *seine Interessen wahren*

Übung 1

Suche die Reimwörter.

Zahn	Bart	Schal
B_____	St _____	T _____
wahr	Wahl	Plan
J _____	Qu _____	K _____
Zahl	Paar	Name
St _____	H _____	D _____

Übung 2

Welche Wörter mit langem A sind gemeint?

A				
A				
B				
F				
G				
H				

H			
K			
P			
R			
S			
W			

Übung 3

Bilde die Vergangenheit.

bitten: er/sie *bat* _____

essen: er/sie _____

kommen: er/sie _____

messen: er/sie _____

nehmen: er/sie _____

sehen: er/sie _____

Übung 4

Ergänze die fehlenden Wörter mit langem A.

Das Brautp_____

Die w_____ Liebe

Nach der Hochzeit gab es ein großes Festm_____.

Frau Schmidt und ihr Gem_____

Übung 5

Bilde Wörter, indem du A, AA oder AH hinzufügst.
(Die hinzugefügten Buchstaben können am Anfang, in der Mitte oder am Wortende stehen.)

BDEN: *Baden*   PLN: _____   SNE: _____

DME: _____   QUL: _____   STT: _____

KLR: _____   RSEN: _____   ZHL: _____

NME: _____   SL: _____   ZM: _____

Übung 6

Suche möglichst viele Wörter

mit FAHR: mit WAHR:

fahren _____   *unwahr* _____

_____   _____

_____   _____

_____   _____

_____   _____

_____   _____

Übung 7

Suche die Nomen mit langem A.

Waagerecht:

1. Sie dient zum wiegen: _____

5. Er hebt schwere Gegenstände: _____

6. Daraus entstehen Pflanzen: _____

11. Sehr hartes Eisen: _____

13. Im Mund; er dient zum Kauen und Beißen: _____

15. Schlangenartiger Fisch: _____

16. „Schnur" aus Metall: _____

17. Zwischen zwei Bergen: _____

Senkrecht:

2. Faules Fleisch: _____

3. Großer Raum: _____

4. Guter Hinweis: _____

6. Fett der Milch: _____

7. Land in seinen politischen Grenzen: _____

8. Verkehrsmittel auf Schienen: _____

9. Weg in der Wildnis: _____

10. Es wächst auf dem Kopf: _____

12. Anderes Wort für „Nummer": _____

14. Der Vater deines Vaters/deiner Mutter: _____

Übung 8

Unterstreiche die Wörter mit a, und ordne sie ein.

■ **WAL IM HAFEN**

Im Hafen der dänischen Stadt Randers hat sich ein Schwertwal niedergelassen. Das auf den Namen „Jens Ove Junior" getaufte Tier war aus dem Kattegat* im Kielwasser eines Schiffes 35 Kilometer landeinwärts geschwommen und hatte im Hafenbecken der jütländischen Stadt an den warmen Schiffsabwässern Gefallen gefunden.

Langes A:	Kurzes A:

*Kattegat: Meerenge zwischen Jütland und Schweden

Übung 9

Unterstreiche die Wörter mit langem A, und ordne sie ein.

Raser muß zweimal zahlen

§ **Düsseldorf**, 22. 1. (dpa) Ein Autofahrer, der innerhalb weniger Minuten zweimal von Radargeräten der Polizei „geblitzt" wird, muß auch zwei Verwarnungsgelder zahlen. Dies folgt aus einem rechtskräftigen, am Dienstag bekanntgewordenen Beschluß des Oberlandesgerichts (OLG) Düsseldorf. Die Richter baten einen Raser, der auf einer Düsseldorfer Ausfallstraße zunächst mit 28 und fünf Minuten später an anderer Stelle mit 25 Stundenkilometern über dem zulässigen Tempolimit erwischt worden war, auch doppelt zur Kasse (AZ: 5 Ss (OWi) 306/90 – (OWi) 131/90 I).

a: _____

_____

_____

_____

_____

_____

_____

ah: _____

_____

_____

_____

_____

Erfahrener Lkw-Fahrer

mit Führerschein Kl. 2 in Dauerstellung gesucht.

❖ **ä/e**

ä schreibt man, wenn verwandte Wörter oder Wortformen mit a vorhanden sind.

$$\begin{array}{ll}
der \ \ddot{A}rger & (arg) \\
f\ddot{a}llen & (fallen) \\
die \ F\ddot{a}sser & (Fa\beta) \\
sich \ r\ddot{a}chen & (Rache) \\
die \ St\ddot{a}rke & (stark)...
\end{array}$$

Ausnahmen: Schenke (trotz: Ausschank), schmecken (trotz: Geschmack), überschwenglich (trotz: Überschwang), wecken (trotz: wach).

Mit ä werden außerdem geschrieben:

abwärts, aufwärts, vorwärts	gräßlich
ächzen	hätscheln
ähnlich	kläffen
allmählich	krächzen
ätzend	der Lärm
dämmern	der März
gähnen	schmächtig
das Geländer	die Träne

❖ **Fremdwörter**

In einigen Fremdwörtern schreibt man (statt ä):

ai	a
Airbus	Camping
fair	Cracker
Palais	Handikap
Portemonnaie	Happy-End
Saison	Kidnapper
Training, trainieren...	Sandwich...

❖ **Unterscheide:**

ä   äh

nämlich (verwandt mit: Name)*	*er nähme* (kommt von „nehmen")
Das wäre schön! *Das wär's!*	*während*

* Spruch: „Wer **nämlich** mit -h- schreibt, ist dämlich."

ä   e

die Lärche (Nadelbaum)	*die Lerche* (Vogel)
die Gewähr (Garantie) *Ohne Gewähr* (verwandt mit „wahr")	*das Gewehr* (zum Schießen)

Übung 1

Bilde verwandte Adjektive auf -lich oder -ig.

Angst:_____   Zufall:_____

Kraft: _____   Tag: _____

Gefahr: _____   Haß: _____

Schande: _____   Jahr: _____

Übung 2

Nenne verwandte Wörter mit a.

der Bäcker: _____   schädlich: _____

das Hähnchen: _____   das Begräbnis: _____

(die Äpfel) schälen: _____   wählen: _____

geschwätzig: _____   das Gedächtnis: _____

zärtlich: _____   das Rätsel: _____

die Nähmaschine: _____   nämlich: _____

der Ärmel: _____   sich kämmen: _____

die Härte: _____   sich schämen: _____

der Verräter: _____   das Gemälde: _____

gefährlich: _____   (wie es euch) gefällt: _____

Übung 3

Nenne verwandte Wörter mit ä (möglichst mehrere!).

Angst: _____

Jahr: _____

kalt: _____

klar: _____

Kraft: _____

Qual: _____

schwach: _____

Stadt: _____

Zahl: _____

Europa: _____

Übung 4

Unterstreiche die Wörter mit Ä/ä, und schreibe sie heraus.

Aus eigener Ernte
Äpfel und
eingefrorener
geschälter Spargel.
Kartoffel vorrätig
Berthold Niehaus
Ehren bei Löningen
Telefon ████████

*Verwandte Wörter oder
Wortformen mit a:*

_____ _____
_____ _____
_____ _____

Zahnärztliche Helferin
hauptsächlich für Anmeldung
u. Schreibtisch, zum 1. 7. ████
gesucht. (Urlaub kann
gewährt werden)
████████

_____ _____
_____ _____
_____ _____

Zuverlässige
Haushaltshilfe
für Haushalt mit zwei
kleinen Kindern in Mep-
pen zu sofort gesucht.
Telefon ████████

_____ _____

_____ _____

»Wir schaffen Arbeitsplätze«

Heute
Fischstäbchen
mit Remouladensauce,
Reis und gem. Salat
7.50

_____ _____

_____ _____

Heiße T████
1 ganzes
Hähnchen
1000 g
Frischgewicht

Stück **5.-**

❖ Das lange E

Das lange E schreibt man:

e	eh*	ee	
aufregend	*Befehl*	*Allee*	*Meer*
bequem	*begehren*	*Armee*	*Meerrettich*
Elend	*empfehlen*	*Beere*	*Moschee*
Erde	*fehlen*	*Beet*	*Orchidee*
Ferien	*Fehler*	*Fee*	*Schnee*
Kamel	*Lehm*	*Galeere*	*See*
Komet	*Lehrling*	*Heer*	*Seele*
quer	*Lehrer*	*Idee*	*Speer*
Rebe	*Mehl*	*Kaffee*	*Tee*
reden	*mehr*	*Klee*	*Teer*
Schere	*Mehrheit*	*leer/Leere*	*Tournee…*
schwer	*Reh*		
segeln	*Sehnsucht*		
Streber	*sehr*		
wenig	*Stuhllehne*		
Vertreter	*Verkehr*		
Zebra…	*vornehm…*		

**Erdbeeren zum Selbstpflücken
in Dörgenerfeld**
Gepflückte Beeren auf Bestellung
Pflückzeit: 6 Uhr morgens bis 20 Uhr.
Sonntags von 7 Uhr morgens bis 12 Uhr

* eh steht häufig vor l, m, n, r.

❖ Unterscheide:

ee	eh
leeren, leer	*lehren,* *Lehrer, Lehrerin* *Lehre, Lehrzeit*

e	eh
stets *stetig*	*Wie geht's? Wie steht's?*

e	ee
Seligkeit *selig*	*Seele* *seelisch*

Übung 1

Suche 23 Wörter mit langem E.

```
T E E S E K U N D E   F
M M I E   S   B E E T R
E E D E S C H E R E E O
E H E F E H L E R E E T
R L E L E N D R   R R T
K A M E L E H E R D E E
K A F F E E G E L E E E
```

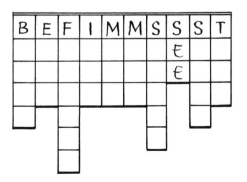

Übung 2

Schreib die Wörter mit -ee- heraus.

Reedereien richten neue Routen ein

Nordsee / Ostsee

DURCHS EISMEER ZUM NORDKAP

11-Tage-Exklusiv-Reise zum nördlichsten Punkt Europas

Aromatisch und belebend: Schwarzer Tee...

Trockenheit in Ägypten

dpa **Kairo** – Wegen der anhaltenden Trockenheit haben die Behörden der ägyptischen Mittelmeerregion den Notstand ausgerufen.

Wintereinbruch in USA

AFP **Washington** – Heftige Schneestürme und Temperaturen bis zu minus 62 Grad haben im Westen der USA 13 Menschenleben gefordert.

_____

_____

_____

_____

_____

_____

Übung 3

Welche Adjektive gehören zu den Nomen?

die Bequemlichkeit:_____   die Seele: _____

die Leere:_____   die Sehnsucht: _____

die Seligkeit:_____   der Schnee: _____

Übung 4

Welche Verben gehören zu den Nomen?

der Befehl:_____   das Segel: _____

die Leere:_____   der Streber: _____

der Lehrer:_____   der Teer: _____

die Rede:_____   die Ehre: _____

Übung 5

Welche Wörter mit -ee- sind gemeint?

R _____   O _____   N _____

❖ ei/ai

Im Deutschen werden viele Wörter mit -ei- geschrieben, wenige mit -ai-:

ei   ai

ei	ai	
die Ameise	*die Balalaika*	*Kairo*
die Eiche	*der Hai*	*der Kaiser*
geheim	*der Hain*	*der Laie* (Nichtfachmann)
die Freiheit...	*der Kai*	

■ **TAIFUN**

Durch den Taifun „Mike" sind auf den Philippinen nach letzten Angaben mindestens 90 Menschen getötet worden.

❖ Unterscheide:

ei   ai

ei	ai
der Leib *die Leibschmerzen*	*der Laib* (Brot)
die Leiche *der Leichnam*	*der Laich* (Eier von Wassertieren) *laichen* (Eier ablegen)
die Seite (eines Buches)	*die Saite* (auf der Gitarre, Geige)
weise (= klug)	*die Waise* (ohne Eltern)

ei   eih

ei	eih
befreien *prophezeien* *schneien* *schreien...*	*gedeihen* *verleihen* *verzeihen* *weihen...*

Übung 1

Schreib die Wörter mit ai (gesprochen: ai) aus diesem Abschnitt des DUDENs heraus.

die **Mähre** (elendes Pferd)
der **Mai**; des Mai[e]s u. des Mai; die Maie; der Erste Mai (Feiertag); das **Maiglöckchen**; der **Maikäfer**
die **Maid** (dichterisch für: Mädchen); die Maiden
Mailand (Stadt in Italien)
der **Main** (deutscher Fluß)
Mainz (Hauptstadt von Rheinland-Pfalz)
der **Mais**
die **Maische** (Mischung bei der Bierherstellung)
die **Majestät; majestätisch**
der **Major**; die Majore
der **Majoran** [auch: *majoran*] (eine Gewürzpflanze)
die **Majorität** (Mehrheit)
der **Makel** (Fehler, Schande); die Makel; **makellos**; am makellosesten **mäkeln** (nörgeln); du mäkelst, er mäkelt, er mäkelte, er hat gemäkelt, mäkle nicht!
die **Makkaroni** (röhrenförmige Nudeln) *Plural*

_____

_____

_____

_____

_____

_____

_____

_____

_____

aus: Schülerduden „Rechtschreibung und Wortkunde"

Übung 2

Welches Wort mit -ai- oder -ei- ist gemeint?

Der Fluß bei Köln:

Ein Kind, das keine Eltern mehr hat:

Toter menschlicher Körper:

„Eier" eines Frosches:

Der Rand eines Hafenbeckens:

Tropischer Wirbelsturm:

Russisches Saiteninstrument:

Gefährlicher Raubfisch:

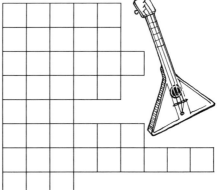

❖ eu/äu

äu schreibt man, wenn verwandte Wörter oder Wortformen mit au vorhanden sind:

die Häuser	*(Haus)*
er läuft	*(laufen)*
die Mäuse	*(Maus)*
der Läufer	*(laufen)*
bläulich	*(blau)*
das Geräusch	*(rauschen)*
das Gemäuer	*(Mauer)*
zerstäuben	*(Staub)*

Vogelhäuschen

massiv Holz
reetgedeckt

9.⁹⁵

Mit äu werden außerdem geschrieben:

erläutern	*die Säule*
die Erläuterung	*sich sträuben...*

❖ Fremdwörter

In einigen Fremdwörtern schreibt man oy (statt: eu).

Boy	*Joystick*
Boykott	...

Übung 1

Nenne verwandte Wörter mit -au-.

täuschen: _____   Bräutigam: _____

Geräusch: _____   Häuschen: _____

Gebäude: _____   säubern: _____

Häuptling: _____   äußerlich: _____

Kräutertee: _____   aufräumen: _____

Säugling: _____   Bäuerin: _____

Suche
Verkäufer
der auch organisieren will
(bis 40 J.), Spitzenverdienst
~~Tel.: 0821/5/5678~~

_____

Übung 2

Bilde den Plural der Nomen.

der Einkauf: die _____   der Raum: die _____

das Kaufhaus: die _____   der Traum: die _____

die Faust: die _____   der Zaun: die _____

Übung 3

Welche Wörter mit eu oder äu sind gemeint?

Das, was die Glocken tun:

Erklären:

Abstreiten:

Liste mit Zensuren:

Gegensatz zu „billig":

Gegensatz zu „selten":

Während des Schlafes Bilder sehen:

Flammen:

❖ Das lange I

Das lange I schreibt man:

i	ih	ie	ieh
wir	*ihm*	*nie*	*er/sie befiehlt*
dir	*ihn*	*Knie*	*er/sie empfiehlt*
Bibel	*ihnen*	*Miete*	*er/sie flieht*
Familie	*ihr*	*Paradies*	*er/sie sieht*
Kaninchen	*ihrer*	*Radieschen*	*er/sie stiehlt*
Liter	*ihrig*	*schief*	*er/sie zieht*
Notizbuch		*schwierig*	*das Vieh…*
Risiko	(nur diese	*spazieren*	
solide	6 Wörter)	*Papier*	
Tiger…		*ziemlich…*	

❖ Fremdwörter

In einigen Fremdwörtern schreibt man das lange I:

ea	ee	y
Freak	*Beefsteak*	*Baby*
Leasing	*Spleen*	*City*
Team…	*Teenager…*	*Hobby*
		Jury
leasen		*Pony*
		Rowdy
		Teddy…

❖ **Unterscheide:**

i   ie

er/sie gibt *er/sie vergibt*	*ausgiebig* *ergiebig* *nachgiebig* *ABER: freigebig*
Lid (Augen)	*Lied* (zum Singen)
Mine (im Bleistift/Sprengkörper)	*Miene* (Gesichtsausdruck)
Maschine *Schreibmaschine*	*Schiene* *Straßenbahnschienen*
Stil (Baustil/Schreibstil) *Stilmöbel*	*Stiel* *Besenstiel*
wider (= gegen) *erwidern* *widersprechen* *Widerhaken* *Widerstand* *widerlegen* *widerstehen* *widerlich* *widerstreben* *widerrechtlich* *Widerwille* *Widerrede* *widerwillig* *widerrufen* *widerwärtig* *Widersacher* *widrig* *sich widersetzen* *rechtswidrig* *widerspenstig* *unwiderstehlich* *widerspiegeln* *…*	*wieder* (= noch einmal, zurück) *auf Wiedersehen* *hin und wieder* *wiederbringen* *wiedererkennen* *wiederfinden* *wiedergeben* *wiederholen* *Wiederholung* *Wiederkehr* *wiederum* *unwiederbringlich…*

Übung 1

Welche Wörter mit langem I sind gemeint?

Übung 2

Unterstreiche die Wörter mit langem I.

Lesen Sie vor dem Einnehmen Ihrer Arzneimittel immer die Gebrauchsanweisung aufmerksam durch. Im Zweifelsfall fragen Sie Ihren Apotheker.

Wörter mit ih:

_____

_____

Wörter mit ie:

_____

_____

Übung 3

Bilde 12 Wörter mit WIDER/WIEDER.

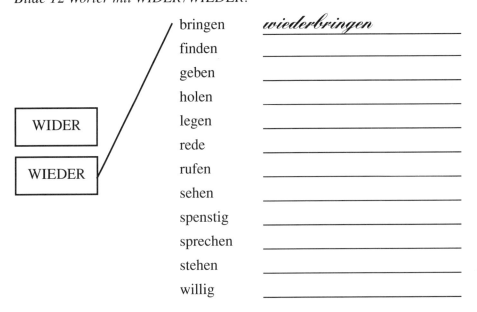

bringen	*wiederbringen*
finden	
geben	
holen	
legen	
rede	
rufen	
sehen	
spenstig	
sprechen	
stehen	
willig	

Übung 4

Unterscheide die Wörter mit langem I.

Wörter mit i:

Ägypten
-Land der Bibel und Pharaonen-

-15tägige Flug- und Busreise-
Eine biblische Studienreise in das Land am Nil mit Besichtigungen
bedeutender Stätten, Pyramiden und Tempeln aus der Pharaonen-
zeit.

Übung 5

Unterscheide die Wörter, in denen das lange I als y geschrieben wird.

EC EuroCity: Das neue
europäische Zugsystem.

Deutsche
Bundesbahn **DB**

Party
Service
Kaltes Büfett ...

My Fair Lady

Übung 6

Suche 17 Wörter waagerecht und 11 Wörter senkrecht, und ordne sie nach dem Anfangsbuchstaben. (Alle 28 Wörter haben ein langes I.)

B	B	M	I	N	E	▨	V	E	N	T	I	L	N
I	R	E	L	G	A	R	D	I	N	E	P	A	I
B	I	D	I	E	P	K	N	I	E	▨	O	W	E
E	S	I	E	G	P	R	E	P	U	B	L	I	K
L	E	Z	B	▨	E	I	▨	N	R	U	I	N	E
P	R	I	E	S	T	E	R	I	L	I	T	E	R
K	I	N	O	I	I	G	E	L	▨	B	I	E	R
N	I	E	R	E	T	▨	M	U	S	I	K	▨	▨
▨	S	I	E	B	E	N	▨	B	E	N	Z	I	N

Waagerecht:

Alkoholisches Getränk: B _____

Treibstoff: B _____

Bestimmter Artikel: d _____

Stoff vor der
Fensterscheibe: G _____

Tier mit Stacheln: I _____

Dort kann man
Filme sehen: K _____

Gelenk in Bein: K _____

Ein Kubikdezimeter: L *iter* _____

Sprengkörper: M _____

Tonkunst: M _____

Organ: N _____

Geistlicher: P _____

Staatsform: R _____

Zerstörtes Haus: R _____

Zahl: s _____

Gegensatz von
„Niederlage": S _____

Luftklappe: V _____

Senkrecht:

Eßlust: A _____

Heiliges Buch der
Christen: B _____

Leichter Wind: B *rise* _____

Gegensatz zu
„Frieden": K _____

Rutschende
Schneemassen: L _____

Starkes Gefühl der
Zuneigung: L _____

Heilkunde/
Heilmittel: M _____

Gegensatz zu „immer": n _____

Fluß in Ägypten: N _____

Staatsführung: P _____

Küchengerät: S _____

Übung 7

Unterstreiche die Wörter mit langem I, und ordne sie ein.

■ **ELBEBIBER**

Naturschützer haben in Mecklenburg-Vorpommern einen ungewöhnlichen Erfolg zu verzeichnen: Nachdem der Elbebiber seit 150 Jahren in Europa als ausgerottet galt, konnte die Tierart im Schweriner Seengebiet jetzt wieder angesiedelt werden.

Wörter mit i: _____

_____

Wörter mit ie: _____

_____

_____

Übung 8

Unterstreiche die Wörter mit langem I, und ordne sie ein.

*D*er 36jährige Bauer Volker Rottstock hatte eine gute Idee: Er bietet im Leasingverfahren Freilandhühner an. Wer 150 DM bezahlt, bekommt 18 Monate lang die Eier von seinem eigenen Huhn, fünf Stück in der Woche, zehn alle 14 Tage oder 20 im Monat. Nach dem Ende der Legeperiode gibt es quasi als Zugabe noch ein frisch geschlachtetes Suppenhuhn. Wer will, kann sein Huhn sogar auf dem Hof des Bauern in Deutsch-Bork, 45 Kilometer südwestlich Berlins an der Autobahn nach Leipzig, Abfahrt Brück-Beelitz, besuchen.

Wörter mit i: _____

_____

_____

_____

Wörter mit ie: _____

_____

Wörter mit ea: _____

_____

Übung 9

Unterstreiche die Wörter mit langem I, und ordne sie ein.

*U*nerwartete Hilfe erhielt eine Amerikanerin bei einer Autopanne in Nord-Dakota. Ihre Signale wurden von anderen Autofahrern nicht beachtet. Plötzlich setzte aber ein Sportflugzeug neben der Straße auf, der Pilot stieg aus, behob die Panne, stieg wieder ein und entschwand am Himmel. „Wenn ich nicht wüßte, daß er John Wundham heißt und aus Dayton stammt, würde ich ihn ganz bestimmt für einen Erzengel halten", sagte die verblüffte Lady.

Wörter mit i: _____

_____

Wörter mit ih: _____

_____

Wörter mit ie: _____

_____

Wort mit y: _____

❖ Das lange O

Das lange O schreibt man:

o	oh*	oo
Dom	*froh*	*Boot*
Honig	*Gewohnheit*	*doof*
Krone	*Lohn*	*Koog*
oben	*obwohl*	(eingedeichtes Land)
Person	*ohne*	*Moor*
Strom	*Ohr*	*Moos*
Ton	*Sohn*	
verboten	*Stroh*	
verloren…	*Zum Wohle!…*	

* oh steht häufig vor l, m, n, r.

ZOO

❖ Fremdwörter

In einigen Fremdwörtern schreibt man das langgesprochene O:

au/eau	ow
Chauffeur	*Bowle*
Niveau	*Bowling*
Plateau	*Bungalow*
Restaurant…	*Show…*

❖ Unterscheide:

o	oh
holen	*hohl (Höhle)*
sich erholen	

Übung 1

Bilde zusammengesetzte Nomen mit langem O.

Kaffee

Kaffeebohnen

Saft

_____

Kissen

Kuchen

_____

Ringe

Kaiser

_____

Ruder

6-Zylinder-

_____

Montag

Schimpfen wie ein

Spatz

_____

Übung 2

Welches Nomen mit langem O ist gemeint?

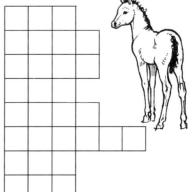

Garten mit Tieren:

Männlicher Nachkomme:

Geld für die Arbeit:

Teilnahmeschein an der Lotterie:

Grüne niedrige Pflanzen auf Waldböden:

Junges Pferd:

Große Türöffnung:

Sehr große Kirche:

❖ Das lange Ö

Das lange Ö schreibt man:

ö	öh*
böse	*argwöhnisch*
höflich	*fröhlich*
schwören	*stöhnen*
Löwe	*verhöhnen*
Öl	*sich versöhnen*
Möbel	*...*
schön...	

* Es gibt nur wenige Wörter.

❖ Fremdwörter

In einigen Fremdwörtern schreibt man das langgesprochene Ö:

eu

adieu	*Masseur*
Amateur	*Milieu*
Dompteur	*Monteur*
Jongleur	*Redakteur*
Kommandeur	*Regisseur...*

Friseurin
gesucht!
Übertarifliche Bezahlung.

Diplom-Ingenieur/in

❖ Unterscheide:

ö	öh
Fön (zum Haaretrocknen)	*Föhn* (Wind)

Übung 1

AMA	BEL	BRÖT	CHEN	DI	DEUR
DOMP	GE	GIN	HÖ	HÖF	IN
KÖ	KOM			KOPF	KRÖ
LICH	LÖ			MAN	MÖ
NI	NIEUR	ÖL	REN	RER	SCHWÖ
SPE	TE	TEUR	TEUR	TEUR	WE

Bilde aus den Silben Wörter.

Der König der Tiere: _L_____

Tisch, Stuhl, Schrank usw.: _M_____

Mit guten Manieren: _h_____

Er dient zum Musikhören: _K_____

Man ißt es zum Frühstück: _B_____

Elisabeth II. ist eine _K_____

Großer Frosch: _K_____

Flüssigkeit, die dazu dient,
daß der Motor besser läuft: _Ö_____

Tierbändiger: _D_____

Befehlshaber: _K_____

Techniker mit Hochschulbildung: _I_____

Jemand, der eine Tätigkeit als
Liebhaberei (nicht berufsmäßig) ausübt: _A_____

Mit einem Eid versichern: _s_____

Besitzer eines Transportunternehmens: _S_____

Übung 2

Verwandte Wörter mit ö:

Brot: _____ Lohn: _____ Sohn: _____

froh: _____ Person: _____ tot: _____

hohl: _____ Rom: _____ Trost: _____

❖ Das lange U

Das lange U schreibt man:

u	uh
Armut	*Huhn*
du	*Kuh*
gut	*Ruhm*
nun	*Schuh*
nur	*Stuhl*
Spur…	…

(-uu- gibt es im Deutschen nicht!)

❖ Fremdwörter

In einigen Fremdwörtern schreibt man das langgesprochene U:

ou	oo
Gouverneur	*Boom*
Journalist	*cool*
Routine…	*Swimmingpool*
Touristik	*Zoom-Objektiv…*

❖ Unterscheide:

u		uh
Urheber	*Ursache*	*Uhr*
Urlaub	*Ursprung*	*Uhrzeit*
beurlauben	*Urwald…*	*Armbanduhr*
		…

Übung 1

Schreib die Wörter mit ou (gesprochen: u) aus diesem Abschnitt des DUDENs heraus.

das **Rotkäppchen**; das **Rotkehlchen** (ein Singvogel); **rötlich**
die **Rotte** (eine Bande)
der **Rotz** (Nasenschleim); des Rotzes; die **Rotznase** (triefende Nase; freches, naseweises Kind)
die **Roulade** [ru*l*a*d*ə] (gerollte und gebratene Fleischscheiben)
das **Roulett** [rulat] (ein Glücksspiel) die Roulette und die Rouletts; das **Roulette** [rulat] svw. Roulett); die Roulettes
die **Route** [r*u*te] (Wegstrecke. Reiseweg)
die **Routine** [ru*t*in*ə*] (Gewandtheit, Übung)
der **Rowdy** [ra*u*di] (roher gewalttätiger Mensch, Raufbold; die Rowdys, auch: die Rowdies; *Trennung:* Row-dy

aus: Schülerduden „Rechtschreibung und Wortkunde"

Übung 2

Bilde 10 Wörter mit UR / UHR.

UR	HEBER	*Urheber* _____
	KETTE	_____
	LAUB	_____
	MACHER	_____
UR	SACHE	_____
	WALD	_____
UHR	WERK	_____
	ZEIGER	_____
	ZEIT	_____
	ZEIT	_____

❖ Das lange Ü

Das lange Ü schreibt man:

ü   üh

Düne	*Bühne*
fügen	*sich fühlen*
Gemüt	*früh*
natürlich	*Frühling*
spülen	*kühl*
spüren…	*Mühle…*

❖ Fremdwörter

In vielen Fremdwörtern schreibt man (statt: ü):

y

anonym	*Olymp*	*sympathisch*
Hyäne	*Pyramide*	*System*
Labyrinth	*Rhythmus*	*Typ…*

❖ Unterscheide:

ü   üh

die Blüte	*blühen*
die Baumblüte	*die Blume blüht*

ü   i

die Sünde	*die Sintflut*

AP **Rio de Janeiro** – Bei durch sintflutartige Regenfälle ausgelösten Erdrutschen und Schlammlawinen sind im Raum von Rio de Janeiro 24 Menschen ums Leben gekommen.

Diktate für das 5./6. Schuljahr

Von Diethard Lübke. 20 Texte + Cassette zum Üben.

Laufzeit der Cassette ca. 70 Minuten   DM 30,— (MD-Nr. 8080)

Diktate für das 7./8. Schuljahr

Von Diethard Lübke. 20 Texte + Cassette zum Üben.

Laufzeit der Cassette ca. 70 Minuten   DM 30,— (MD-Nr. 8082)

Diese Kombination von Cassette und Übungstexten ist ein sehr wirksames Mittel, um Schülern zu helfen, die im Deutschunterricht beim Schreiben nach Diktat Fehler machen und die gezielt üben sollten, einen **gehörten** Text aufzuschreiben.

Für das Üben werden ein Cassettenrecorder und ein Schreibheft benötigt. Die auf Band professionell gesprochenen Texte werden Stück für Stück angehört, aufgeschrieben und dann kontrolliert. Dazu dienen genaue Anweisungen, wie man anschließend einen Text auf Fehlerlosigkeit überprüfen kann.

So kann jeder, der das Rechtschreiben von Texten üben will, ohne fremde Hilfe trainieren, seine Fehler selbständig finden und allmählich tilgen. Bereits die Fertigkeit, einen selbst geschriebenen Text auf Richtigkeit kontrollieren zu können, verbessert die Rechtschreibleistung.

Diesterweg

-- ✂

Hiermit bestelle(n) ich / wir über die Buchhandlung:

_____

.... Diktate für das 5./6. Schuljahr

Von Diethard Lübke. 20 Texte + Cassette zum Üben.   DM 30,— (MD 8080)

.... Diktate für das 7./8. Schuljahr

Von Diethard Lübke. 20 Texte + Cassette zum Üben.   DM 30,— (MD 8082)

(Unverbindlich empfohlene Preise)

.... Deutsche Schulgrammatik

Von Dietrich Homberger. 143 Seiten   DM 24,80 (MD 1070)

....

Datum   Unterschrift (ggf. des Erziehungsberechtigten)

Die angegebenen Preise verstehen sich ggf. zuzüglich Versandkosten und Nachnahmegebühren.

Preise gültig für 1992   ·   Änderungen vorbehalten   ·   Bitte Absenderangaben auf der Rückseite nicht vergessen!

1.15

Diese grundlegende Grammatik bietet leicht verständlich
und optisch gut gegliedert das notwendige Basiswissen.

Dietrich Homberger

Deutsche Schulgrammatik

143 Seiten   DM 24,80 (1070)

Die **»Deutsche Schulgrammatik«**

- begleitet den Lernenden auf der gesamten Sekundarstufe I,
- stellt für alle Schüler ein nützliches Nachschlagewerk dar,
- ergänzt jedes im Unterricht eingesetzte Sprachlehrwerk,
- enthält ein ausführliches Stichwortregister, das den raschen Zugriff auf einzelne grammatische Sachverhalte erleichtert,
- ermöglicht die gezielte Förderung einzelner Schüler und kann damit auch für Eltern von Nutzen sein,
- eignet sich zur selbständigen Orientierung über das gängige Regelwissen.

Diesterweg

Postkarte

Bitte
Postkarten-
Porto

Verlag
Moritz Diesterweg
Postfach 63 01 80

D-6000 Frankfurt 63

Übung 1

Welche Wörter mit u, üh, y sind gemeint?
(Umlaute = ein Buchstabe)

Übung 2

Welche Verben gehören zu den Nomen?

Brut: _____   Gruß: _____

Buße: _____   Ruhm: _____

Fuge: _____   Schnur: _____

Glut: _____   Spur: _____

Übung 3

Bilde 8 zusammengesetzte Wörter.

BAUM   *Baumblüte* _____

KIRSCH   _____

LINDEN   _____

ROSEN | BLÜTE(N) | _____

           BLATT   _____

           KELCH   _____

           STAUB   _____

           ZWEIG   _____

Übung 4

Welches Wort mit ü, üh, y ist gemeint?

Erlaubnis zum Fahren eines Autos: *F* _____

Die erste Mahlzeit am Tage: *F* _____

Das Geld, das man für das Telefon bezahlen muß: *G* _____

Zuneigung zu jemandem: *S* _____

Rücksichtsloser Gewaltherrscher: *T* _____

Sinnbild: *S* _____

Im Theater, wo die Schauspieler sind: *B* _____

Mit unbekanntem Namen: *a* _____

„Guten Tag" sagen: *g* _____

Sandhügel (am Meer):   *D* _____

Mehrere Bücher: *L* _____

Kleines Huhn, das aus dem Ei geschlüpft ist: *K* _____

Anderes Wort für „Marmelade":   *K* _____

Lösungen

A

Übung 1
Zahn/Bahn – wahr/Jahr – Zahl/Stahl – Bart/Start – Wahl/Qual – Paar/Haar – Schal/Tal – Plan/Kran – Name/Dame

Übung 2
Aal – Adler – Bart – Fahne – Gabel – Haare – Hahn – Kanu – Paar – Rabe – Schal – Waage

Übung 3
bat – aß – kam – maß – nahm – sah

Übung 4
Das Brautpaar – Die wahre Liebe – …ein großes Festmahl – … ihr Gemahl

Übung 5
Baden – Dame – klar – Name – Plan – Qual – Rasen – Saal – Sahne – Staat – Zahl – zahm

Übung 6
FAHR: fahren, Fahrer, Fahrzeug, mitfahren, Fahrrad, radfahren, Fahrbahn, Fahrschein, Fahrplan, Fahrgeld, Fahrgast, Fahrschule, Fahrerflucht, Fahrstuhl…
WAHR: unwahr, Wahrheit, Wahrscheinlichkeit, wahrscheinlich, wahrheitsgemäß, wahrhaftig, Wahrsagerin, wahrnehmen, Wahrnehmung, Wahrzeichen…

Übung 7
Waagerecht: 1. Waage. 5. Kran. 6. Saat. 11. Stahl. 13. Zahn. 15. Aal. 16. Draht. 17. Tal.
Senkrecht: 2. Aas. 3. Saal. 4. Rat. 6. Sahne. 7. Staat. 8. Bahn. 9. Pfad. 10. Haar. 12. Zahl. 14. Opa.

Übung 8
Langes A: Wal – Hafen (zweimal) – Schwertwal – Namen – war – Hafenbecken
Kurzes A: Stadt – Randers – hat – niedergelassen – Das – Kattegat – Kielwasser – landeinwärts – hatte – Stadt – an – warmen – Schiffsabwässern – Gefallen

Übung 9
a: Raser (zweimal) – zweimal (zweimal) – Radargeräten – Dienstag – …straße – war
ah: zahlen (zweimal) – Autofahrer – erfahrener – Lkw-Fahrer

Ä

Übung 1
Angst/ängstlich – Kraft/kräftig – Gefahr/gefährlich – Schande/schändlich – Zufall/zufällig – Tag/täglich –Haß/häßlich – Jahr/jährlich

Übung 2
Bäcker/backen – Hähnchen/Hahn – schälen/Schale – geschwätzig/schwatzen – zärtlich/zart – Nähmaschine/Naht – Ärmel/Arm – Härte/hart – Verräter/Verrat – gefährlich/Gefahr – schädlich/Schaden – Begräbnis/begraben – wählen/Wahl – Gedächtnis/er dachte – Rätsel/raten – nämlich/Name – sich kämmen/Kamm – sich schämen/Scham – Gemälde/malen – gefällt/gefallen

Übung 3

Angst/ängstlich, die Ängstlichkeit – Jahr/jährlich, verjähren, volljährig – kalt/Kälte, sich erkälten – klar/erklären, Erklärung, klären, aufklären, Kläranlage – Kraft/kräftig, die Kräfte – Qual/quälen, Quälgeist, Quälerei – schwach/schwächer, Schwächling, Schwäche, schwächlich – Stadt/Städte, städtisch, Städtebau – Zahl/zählen, aufzählen, zählbar, unzählig – Europa/europäisch, Europäer

Übung 4

Äpfel/Apfel – geschälter/Schale – vorrätig/Vorrat – zahnärztliche/Zahnarzt – hauptsächlich/Hauptsache – gewährt/wahren – zuverlässige/Verlaß – Arbeitsplätze/Arbeitsplatz – Fischstäbchen/Stab – Hähnchen/Hahn

---
E

Übung 1

Beet – Ehe – Erde – Elend – Fehler – Gelee – Herde – Kaffee – Kamel – Reet – Schere – Sekunde – Tee

Beere – Erde – Frottee – Idee – Meer – Mehl – Schere – See – Seele – Teer

Übung 2

Reederei – Nordsee – Ostsee – Eismeer – Tee – Mittelmeerregion – Schneestürme

Übung 3

bequem – leer – selig – seelisch – sehnsüchtig – schneeig

Übung 4

befehlen – leeren – lehren – reden – segeln – streben – teeren – ehren

Übung 5

Speer – Erdbeere – Schnee – Kaffeekanne – Klee – Tee – Orchidee – Moschee – Galeere – Rotes Meer – Ostsee – Nordsee

---
EI/AI

Übung 1

Mai – Maiglöckchen – Maikäfer – Maid – Mailand – Main – Mainz – Mais – Maische

Übung 2

Rhein – Waise – Leiche – Laich – Kai – Taifun – Balalaika – Hai

---
EU/ÄU

Übung 1

Tausch – rauschen – bauen – Haupt – Kraut – saugen – Braut – Haus – sauber – außen – Raum – Bauer – verkaufen

Übung 2

die Einkäufe – die Kaufhäuser – die Fäuste – die Räume – die Träume – die Zäune

Übung 3

läuten – erläutern – leugnen – Zeugnis – teuer – häufig – träumen – Feuer

---

I

Übung 1
Igel – Sieb – Biber – Biene – Liter – Tiger – Violine – Zwiebel – Krokodil – Apfelsine – Kaninchen – Lokomotive

Übung 2
ih: Ihrer, Ihren
ie: Sie, die , Sie

Übung 3
wiederbringen – wiederfinden – wiedergeben – wiederholen – widerlegen – Widerrede – widerrufen – wiedersehen – widerspenstig – widersprechen – widerstehen – widerwillig

Übung 4
Bibel – biblische – Nil – Besichtigung – Pyramiden

Übung 5
EuroCity – Party – Lady

Übung 6
Bier – Benzin – die – Gardine – Igel – Kino – Knie – Liter – Mine – Musik – Niere – Priester – Republik – Ruine – sieben – Sieg – Ventil
Appetit – Bibel – Brise – Krieg – Lawine – Liebe – Medizin – nie – Nil – Politik – Sieb

Übung 7
i: Elbebiber (zweimal) – Schweriner
ie: Tierart – Seengebiet – wieder – angesiedelt

Übung 8
i: 36jährige – Legeperiode – gibt – quasi – Kilometer – Berlin
ie: bietet – die
ea: Leasingverfahren

Übung 9
i: Amerikanerin – Signale – Pilot
ih: ihre – ihn
ie: erhielt – stieg (zweimal) – die (zweimal) – wieder
y: Lady

O

Übung 1
Kaffeebohnen – Zitronensaft – Sofakissen – Mohnkuchen – Ohrringe – Kaiserkrone – Ruderboot – 6-Zylinder-Motor – Rosenmontag – Schimpfen wie ein Rohrspatz

Übung 2
Zoo – Sohn – Lohn – Los – Moos – Fohlen – Tor – Dom

Ö

Übung 1

Löwe – Möbel – höflich – Kopfhörer – Brötchen – Königin – Kröte – Öl – Dompteur – Kommandeur – Ingenieur – Amateur – schwören – Spediteur

Übung 2

Brötchen – fröhlich – Höhle – Löhnung – persönlich – Römer – Söhne – töten – trösten

U

Übung 1

Roulade – Roulett – Roulette – Route – Routine

Übung 2

Urheber – Uhrkette – Urlaub – Uhrmacher – Ursache – Urwald – Uhrwerk – Uhrzeiger – Uhrzeit – Urzeit

Ü

Übung 1

Zylinder – Zypresse – Sylt – Labyrinth – Bügel – Mühle – Hünengrab – Blüte – Parfüm – brüten – Hyäne – Pyramide

Übung 2

Brut/brüten – Buße/büßen – Fuge/fügen – Glut/glühen – Gruß/grüßen – Ruhm/rühmen – Schnur/schnüren – Spur/spüren

Übung 3

Baumblüte – Kirschblüte – Lindenblüte – Rosenblüte – Blütenblatt – Blütenkelch – Blütenstaub – Blütenzweig

Übung 4

Führerschein – Frühstück – Gebühren – Sympathie – Tyrann – Symbol – Bühne – anonym – grüßen – Düne – Lektüre – Küken – Konfitüre

987 654 321